Dein buntes Wörterbuch Rekorde der Tierwelt

Idee und Text:
Emilie Beaumont

Illustrationen:
Marie-Christine Lemayeur, Bernard Alunni
Sandra Smith – Sophie Surber
MIA: Cinzia Antinori und Lucia Brunelli

Übersetzung aus dem Französischen
von Claudia Jost

FLEURUS VERLAG

INHALTSVERZEICHNIS

Fachlektorat der deutschen Ausgabe: Dr. Christa Söhl

Titel der französischen Ausgabe:
L'imagerie des records d'animaux
ISBN 3-89717-211-9
Printed in Italy

10 9 8 7 6 5 4 3 2

TIERE IM WASSER

UNGEWÖHNLICHE NESTER

Nach der Eiablage überlassen die Fische ihre Eier der Strömung. Einige von ihnen bauen aber auch Nester.

In der Familie der Stichlinge bauen die Männchen die Nester und drängen die Weibchen zur Eiablage hinein.

Schwimmt das Weibchen des 15-stacheligen Stichlings nicht schnell genug ins Nest, beißt das Männchen es.

Der Kampffisch baut sein Nest aus Luftblasen, die er aus dem Maul ausstößt. Der Seewolf dagegen kommt ohne Nest aus. Er legt seine Eier zum Schutz in Gegenstände ab, die er auf dem Meeresgrund findet.

MILLIONEN VON EIERN

Mit jedem Laichgang legen die Fische tausende, ja Millionen von Eiern ab. Das ist auch nötig, weil nur aus wenigen Eiern Jungfische schlüpfen.

Den Rekord hält der eigenartige Mondfisch: 300 Millionen Eier.

Auf 9 Millionen Eier bringt es ein etwa 8 kg schwerer Steinbutt.

28 Millionen Eier produziert ein 24 kg schwerer Lengfisch.

5 Millionen Eier legt der Stör ab. Aus ihnen wird Kaviar hergestellt.

EIN TOLLER VATER

Bei den Seepferdchen trägt das Männchen den Nachwuchs in einer Bauchtasche. Es bringt zwischen 300 und 500 Junge zur Welt.

Der Kopf dieses drolligen Fischs ähnelt dem eines Pferds.

Das Weibchen legt seine Eier in die Bauchtasche des Männchens ab.

Bei der Geburt hält sich das Männchen an einer Alge fest und schüttelt seine Bauchtasche aus. Es presst die Jungen in 1 bis 2 Tagen heraus.

EINE BESORGTE MUTTER

Weil die Kraken-Mutter fürchtet, dass ihre Eier von anderen Tieren aufgefressen werden, lässt sie sie bis zum Schlüpfen nicht aus den Augen.

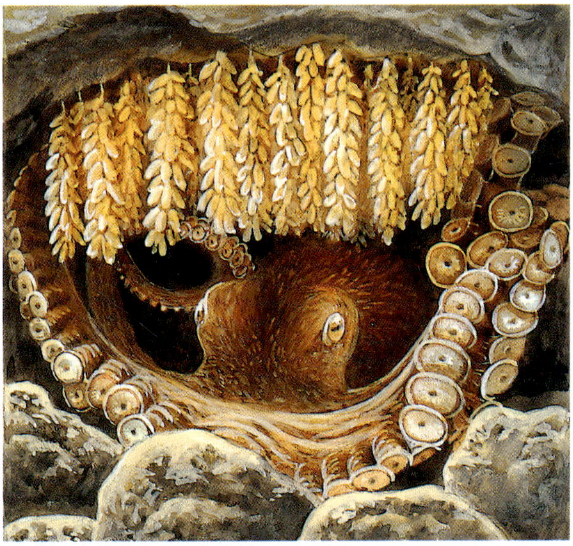

Sie hängt die Eier an die Decke ihrer Höhle und schützt sie mit ihren Tentakeln vor den umherstreifenden Fischen. Sie reinigt sie und bespritzt sie regelmäßig mit frischem Wasser.

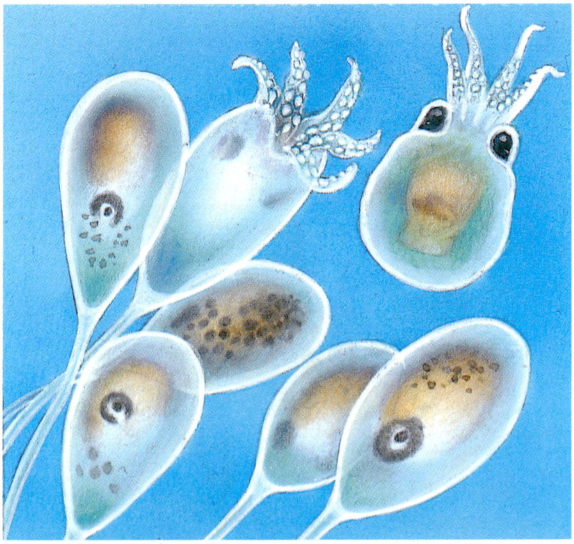

Nachdem die Jungen geschlüpft sind, ist die Mutter völlig erschöpft. Sie hat die Hälfte ihres Gewichts verloren. Sie bleibt in ihrer Höhle und stirbt kurz darauf. So sieht diese mutige Mutter ihre Jungen niemals heranwachsen.

MAULBRÜTER

Bei den Buntbarschen entwickeln sich die Eier im Maul eines der Elterntiere. So sind sie vor allen Gefahren geschützt.

Die Eier werden zuerst in einem Nest abgelegt. Dann nimmt eines der Elterntiere sie in sein Maul auf.

Der Fisch frisst nicht mehr, er bewegt auch seine Kiefer nicht mehr …
Das Maul wird nun zum Brutkasten.

Nach dem Schlüpfen müssen die Jungen lernen, selbst zurechtzukommen. Aber sie schwimmen nie weit weg. Sobald Gefahr droht, flüchten sie wieder in das schützende Maul.

SPEKTAKULÄRE WANDERUNGEN

Es bleibt rätselhaft, warum Tiere zur Nahrungssuche oder zur Fortpflanzung manchmal tausende von Kilometern wandern.

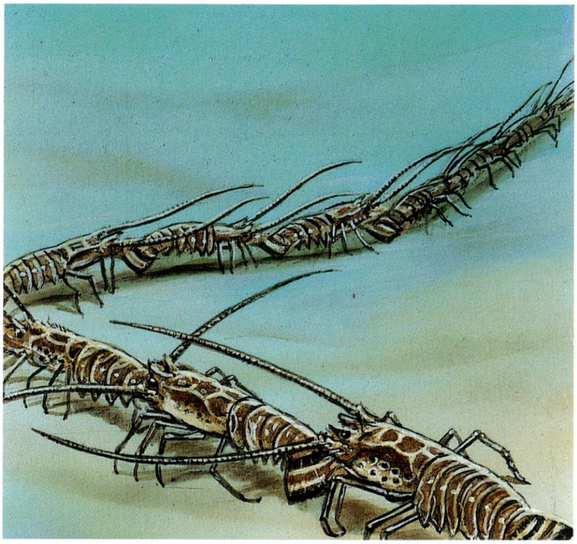

Nach schweren Unwettern sammeln sich die Langusten oft und marschieren auf der Suche nach Nahrung in Kolonnen Tag und Nacht über hunderte von Kilometern. Zum Schutz gegen Feinde bilden sie einen Kreis.

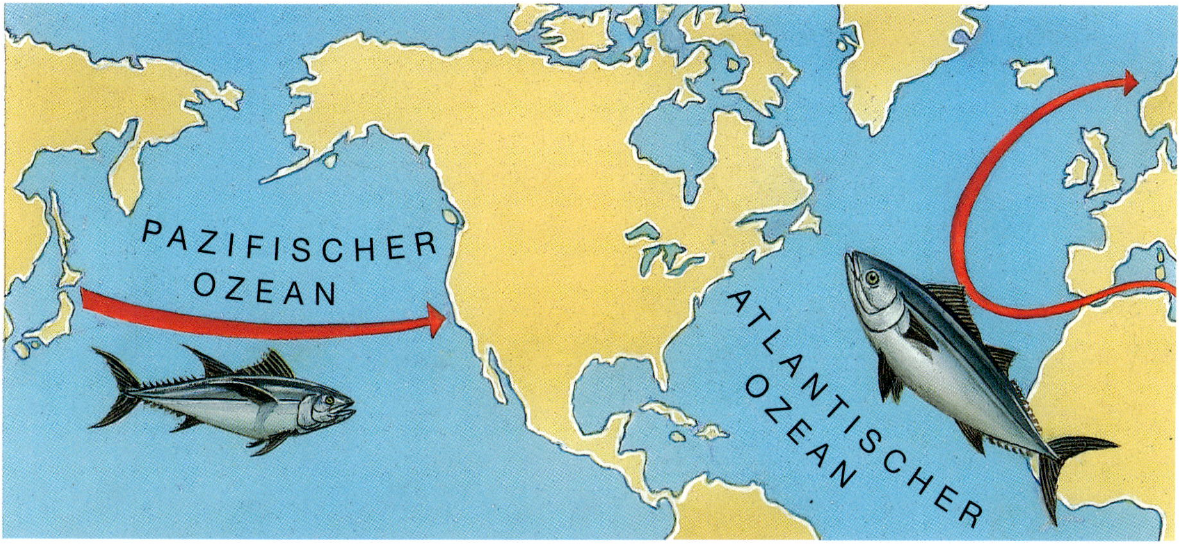

Tunfische sind große Wanderer: Einige durchqueren den Pazifik von Japan bis nach Kalifornien, das sind rund 9000 km! Andere kommen im Mittelmeer zur Welt und suchen 5000 km weit entfernt vor den Küsten Norwegens nach Nahrung.

TAUSENDE KILOMETER ZUR EIABLAGE

Schildkröten legen ihre Eier an dem Strand ab, an dem sie selbst geschlüpft sind. Um dorthin zu kommen, schwimmen sie bis zu 2000 km!

Nach der langen Wanderung verlässt die Schildkröte bei Einbruch der Nacht das Wasser. Weit entfernt vom Strand gräbt sie ein tiefes Loch in den Sand und legt dort etwa hundert Eier hinein.

Nachdem sie die Eier wieder mit Sand bedeckt hat, kehrt die Schildkröte ins Meer zurück. Die kleinen Schildkröten schlüpfen etwa 70 Tage später. Nach 5 Tagen verlassen sie das Loch und versuchen, das Meer zu erreichen.

EINE LANGE REISE QUER DURCH DEN ATLANTIK

Im Alter zwischen 5 und 8 Jahren verlassen die Aale ihre Heimat in den Flüssen und schwimmen zur Eiablage in die Sargassosee.

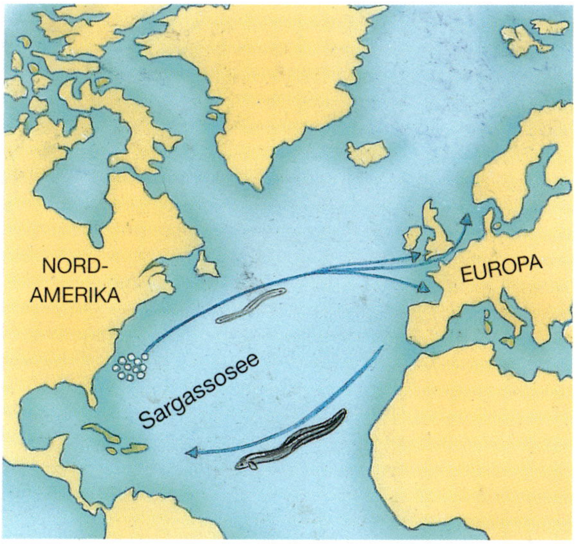

Während dieser langen Reise frisst der Aal nichts. Er legt seine Eier in etwa 400 m Tiefe ab und stirbt dann erschöpft. Aus den Eiern schlüpfen Larven. Mit der Strömung machen sie nun die Reise in die entgegengesetzte Richtung.

Nach der Ankunft an den Flussmündungen werden aus den Larven Glasaale, die schließlich zu Aalen heranwachsen. Ein Aal kann auf der Erde kriechen, wenn er im Fluss auf ein Hindernis trifft, und dann wieder in den Fluss zurückkehren.

VOM SALZWASSER INS SÜSSWASSER

Sobald die Lachse geschlechtsreif geworden sind, verlassen sie das Meer und kehren in den Fluss zurück, in dem sie geschlüpft sind.

Sie überwinden Wasserfälle und schwimmen dabei gegen den Strom. Am Ende der Reise paaren sich die erschöpften Lachse. Das Weibchen gräbt mit dem Schwanz ein Nest und legt seine Eier ab. Nur selten überleben Lachse die Paarung.

Nachdem sie geschlüpft sind, ernähren sich die Jungen von der Haut ihrer Eier. Sie bleiben etwa 2 Jahre im Fluss, bevor sie wieder zum Meer schwimmen. Dort wachsen sie heran, bis sie selbst das Meer zur Paarung wieder verlassen.

FISCHE AUSSERHALB DES WASSERS

Unglaublich! Einige Fische können das Wasser für kurze Zeit verlassen. Dabei hilft ihnen ein besonderes Atmungssystem.

Der Schlammspringer kann auf der Suche nach Insekten 2 Tage außerhalb des Wassers leben!

Der Grunion schwimmt mit der Springflut ans Land. Dort gräbt er sich in den Sand ein und legt seine Eier ab.

Wird der Katzenwels (links) bei Hochwasser aus dem Fluss geschwemmt, überquert er Felder und Straßen, bis er wieder im Wasser ist. Der Kletterfisch (rechts) geht an Land und steigt sogar auf Felsen hinauf.

FLIEGENDE FISCHE

Einige Fische machen außerhalb des Wassers so große Sprünge, dass es aussieht, als ob sie fliegen könnten.

Der Fächerfisch springt mit über 100 km/h aus dem Wasser.

Der Mantarochen kann bis zu 2 m hoch aus dem Wasser springen.

Sobald sich ein Feind nähert, schwimmen diese Fliegenden Fische (links) immer schneller kurz unter der Wasseroberfläche und heben für mehrere Meter ab. Das Gleiche machen die Beilbauchfische (rechts).

MITTEL ZUR VERTEIDIGUNG

Auch kleine Meerestiere haben besondere Mittel zur Verteidigung, mit denen sie ihren Feinden entgehen können.

Normalerweise ist der Körper dieses Igelfischs ausgestreckt und seine Stacheln liegen flach an. Sobald aber ein Feind in Sicht kommt, bläst er sich auf und seine Stacheln richten sich zu gefährlichen Nadeln auf.

Der Pistolenkrebs teilt einen kurzen schussartigen Schlag aus, um sich unerwünschte Besucher fern zu halten. Dagegen stößt die Seegurke aus dem After dünne klebrige Schläuche aus, die Gifte enthalten.

FARBEN ALS WARNSIGNAL

Die leuchtenden Farben einiger Meeresbewohner signalisieren, dass sie als Beute gefährlich sind. Achtung: Nicht anfassen!

Die schönen Farben dieser Meeresschnecke schrecken ihre Feinde ab.

Das leuchtende Rot des Seeteufels zeigt an, dass er gefährlich ist.

Diese schalenlosen Weichtiere können sich ganz ohne Furcht bewegen: Ihre Farbenpracht kennzeichnet sie als todbringende Beute.

MEISTER DER TARNUNG

In Gefahrensituationen ändern viele Tiere ihre Farbe oder Form. Oder sie schließen sich zusammen, um unbemerkt vorbeizuschwimmen.

Bei Gefahr kann der Tintenfisch seine Farbe in wenigen Sekunden ändern.

Mit ihren Streifen verwirren diese Fische ihrer Feinde schon von weitem.

Der Steinfisch und der Seedrache gehen kein Risiko ein: Weil sie ihrer Umgebung zum Verwechseln ähnlich sehen, können sie nicht entdeckt werden.

Dieser Krokodilfisch fällt im Sand überhaupt nicht auf.

Wo ist das Auge dieses Kometen? Rechts, inmitten der weißen Punkte.

GUT GETARNT IM SAND

Einige Fische können sich sehr rasch im Sand vergraben, um sich so vor ihren Feinden zu verstecken.

Die meisten Plattfische, wie zum Beispiel die Seezunge, graben sich zum Schutz in den Sand ein.

Dieser Meerengel schaufelt mit seinen Flossen geschickt Sand auf seinen Rücken.

Blitzschnell gräbt diese Krabbe eine Höhle, in der sie sich versteckt. Nur noch ihre Augen schauen heraus.

Schon bei dem geringsten Warnzeichen schlüpfen die Sandaale in die Röhren, die sie in den Sand gegraben haben.

DER KRAKE – SCHEU, ABER LISTIG

Der Krake ist scheu und ängstlich. Er kann sich aber gut verteidigen, wenn er vor Feinden fliehen muss.

Eine Muräne mit spitzen Zähnen schießt plötzlich zwischen den Felsen hervor. Der Krake verspritzt Tinte, die in wenigen Sekunden zu einem dichten Nebel wird. So geschützt kann er dann gefahrlos entkommen.

Der Krake ist auch sehr listig. Um nicht vom Hai bemerkt zu werden, bleibt er regungslos am Boden liegen und nimmt die Farbe seiner Umgebung an. So kann ihn der Hai nicht entdecken.

ABSTOSSEN VON GLIEDMASSEN ALS ÜBERLEBENSTAKTIK

Einige Tiere können bei Gefahr einzelne Gliedmaßen abstoßen, die sich im Allgemeinen neu bilden.

Links ein „normaler“ Seestern. Rechts zwei Seesterne, die einen ihrer Arme verloren haben. Diese sind nachgewachsen, jedoch nicht so wie die anderen.

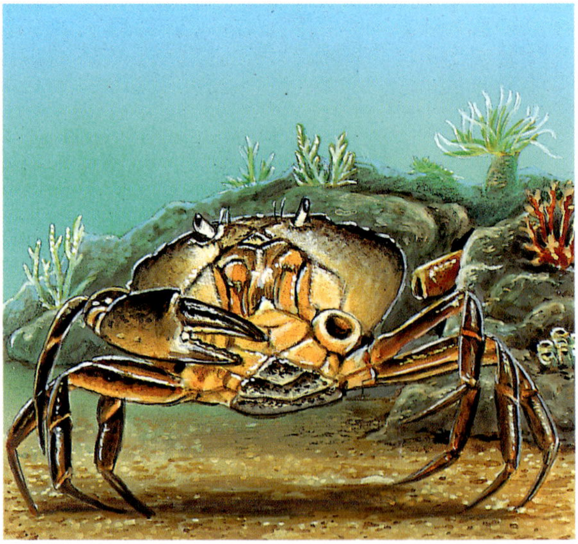

Diese Krabbe hat sich im Fels eine Zange eingeklemmt. Um sich zu befreien, stößt sie diese einfach ab – sie wächst ja wieder nach! Auch Langusten und Hummer können, wenn nötig, eine ihrer Zangen abstoßen.

GUTE AUGEN FÜR DIE JAGD

Einige Süßwasserfische haben besonders gute Augen für die Jagd und zur Verteidigung.

Der Schützenfisch schätzt unter Wasser den Abstand zum Insekt ab und spritzt es mit einem Wasserstrahl an. Das Insekt verliert das Gleichgewicht, stürzt ins Wasser und wird vom Fisch gefressen.

Dieser Fisch, das so genannte „Vierauge", hat besondere Augen. Schwimmt er an der Wasseroberfläche, kann er mit ihnen gleichzeitig über und unter Wasser sehen. Sehr praktisch, um zu jagen und zugleich seine Feinde zu erspähen!

FURCHT ERREGENDE JÄGER

Einige Fische sind bestens ausgerüstet, um ihre Beute zu fangen, ohne ihr die geringste Chance zu lassen.

Das sägeförmige Maul des Sägefischs ist eine gefährliche Waffe. Mit ihr durchwühlt er den Sand nach Beute.

Mit seinen mit Saugnäpfen besetzten Armen kann der Seestern sogar Muscheln öffnen.

Der Anglerfisch hat auf dem Kopf eine „Angelrute“, mit der er seine Beute anlockt.

Der Rotfeuerfisch lähmt die Beute mit seinen giftigen Stacheln, bevor er sie auffrisst.

DIE BLUTGIERIGSTEN

Manche Tiere erscheinen sehr brutal, wenn sie auf Beutefang gehen oder sich bedroht fühlen.

Der Schwertwal springt aus dem Wasser, um eine Robbe am Strand oder auf einer Eisscholle anzugreifen.

Der 2 bis 5 m große Barrakuda stürzt sich auf alles, was sich bewegt. Er zerreißt seine Beute regelrecht.

Sowohl der Furcht erregende 6 m lange Weißhai als auch die 50 cm großen Piranhas in den Flüssen Südamerikas werden verrückt, wenn sie den Geruch von Blut wahrnehmen. Ob Mensch oder Tier, sie greifen alles an!

ELEKTRISCHE UND LEUCHTENDE FISCHE

Einige Fische können Elektrizität erzeugen. Andere, die in der Dunkelheit der Tiefsee leben, sind „lebende Lampen“.

Der Zitteraal sendet Stromstöße aus, die sogar einen Menschen betäuben können.

Auf dem Körper und am Kiefer des Viperfischs sitzen hunderte kleiner Lichtpunkte.

Der Zitterrochen ernährt sich von Fischen, die er mit einem Stromstoß lähmt.

Der in der Tiefsee lebende Kalmar verspritzt keine schwarze, sondern weiße, fluoreszierende Tinte.

Der Elefantenfisch lebt in schlammigem Wasser. Über ein elektrisches Feld weiß er genau, was um ihn herum passiert.

Der Laternenfisch strahlt am hellsten. Sein Licht ist 30 m weit zu sehen.

PUTZERFISCHE

Putzerfische fressen kleine Krustentiere, die auf der Haut einiger Fische sitzen. So ernähren sie sich und helfen gleichzeitig den anderen.

Fische, die den Reinigungsdienst nutzen wollen, kennen sehr genau die Plätze dieser regelrechten Putzstationen. Geduldig warten sie, bis einer nach dem anderen an die Reihe kommt.

Die emsigen Putzerfische säubern sogar das Innere des Mauls und die Zähne ihrer „Kunden".

Es gibt aber auch „Putzernachahmer", die den echten Putzerfischen zwar sehr ähneln, ihre „Kunden" aber beißen.

DAS SCHNABELTIER, EIN SELTSAMES WESEN

Dieses merkwürdige Tier mit Entenschnabel, Biberschwanz und Füßen mit Schwimmhäuten ist ein Säugetier, das Eier legt.

Das Schnabeltier lebt als Einzelgänger vorwiegend im Wasser. Es kann ohne Luft zu holen 5 Minuten unter Wasser bleiben.

Das Weibchen legt die Eier in seinem Bau ab. Die Jungen kommen ohne Fell und blind zur Welt. Aus dem Fell ihrer Mutter tropft Milch für sie.

QUALLEN

Berühre niemals diese schönen, durchsichtigen Geschöpfe: Ihre Tentakel verursachen stechende Schmerzen und schwere Verbrennungen!

Diese herrliche Qualle hat extrem lange Tentakel. Bei einer Qualle dieser Art wurde zusammen mit dem Körper eine Gesamtlänge von 75 m gemessen. Ein unerreichter Rekord! Zur Fortbewegung ziehen Quallen ihren Körper zusammen und entspannen ihn wieder oder sie lassen sich von der Strömung treiben.

Es gibt viele Quallenarten, eine merkwürdiger als die andere. Ihr Körper hat die Form einer fliegenden Untertasse, ist gallertartig und enthält bis zu 95 % Wasser.

WALE, DIE HERRSCHER DER MEERE

Die Wale sind die Riesen der Meere und die größten Tiere der Erde. Zum Atmen müssen sie immer wieder auftauchen.

Der größte unter ihnen ist der Blauwal. Er wiegt bis zu 190 t und hat eine Länge zwischen 20 und 30 m. Er frisst nur kleine Krustentiere, allerdings 4 t pro Tag. Welch ein Appetit!

Die hoch entwickelten Gesänge des Buckelwals können mehr als 30 km weit gehört werden.

Der Pottwal hält mit einer Tiefe von 3000 m den Tauchrekord. Er kann eine Stunde lang den Atem anhalten.

INTELLIGENTE KRAKEN

Intelligenz ist nicht nur den Menschen vorbehalten. Einige sehr lernfähige Tiere zeigen erstaunliche Reaktionen, wie etwa dieser Krake.

Eingesperrt in einem Unterwasseraquarium, versucht dieser Krake mit 2,50 m Spannweite durch ein 8 cm großes Loch zu entkommen. Eigentlich ein Ding der Unmöglichkeit!

Aber der Krake verändert seine Gestalt und in weniger als 10 Minuten gelingt ihm die Flucht aus seinem Gefängnis. Noch erstaunlicher ist, dass er bei einem erneuten Versuch unter denselben Bedingungen nur noch anderthalb Minuten braucht!

DELFINE, MEISTER DER ORIENTIERUNG

Delfine gehören zur Ordnung der Waltiere. Erwachsene Tiere werden bis zu 2 m groß. Sie können bis zu 40 km/h schnell schwimmen.

Im offenen Meer schwimmen die Delfine immer in Gruppen.

Wenn sie auf den Wellen „surfen“, erreichen sie sogar bis zu 60 km/h.

Dank ihres sehr muskulösen Schwanzes können sie „stehen“.

Ihre Sprünge sind beeindruckend. Der Rekord liegt bei 7 m Höhe!

Delfine lassen sich in Gefangenschaft leicht dressieren, aber sie mögen weder Bestrafungen noch Beschimpfungen. Offenbar macht es ihnen Spaß, mit ihren Trainern zu spielen. Sie genießen Streicheleinheiten!

Delfine atmen durch eine Art Nasenloch, das Blasloch. Es befindet sich auf dem oberen Teil des Kopfs.

Ein verwundeter Delfin wird von zwei anderen Mitgliedern der Gruppe zur Oberfläche gebracht.

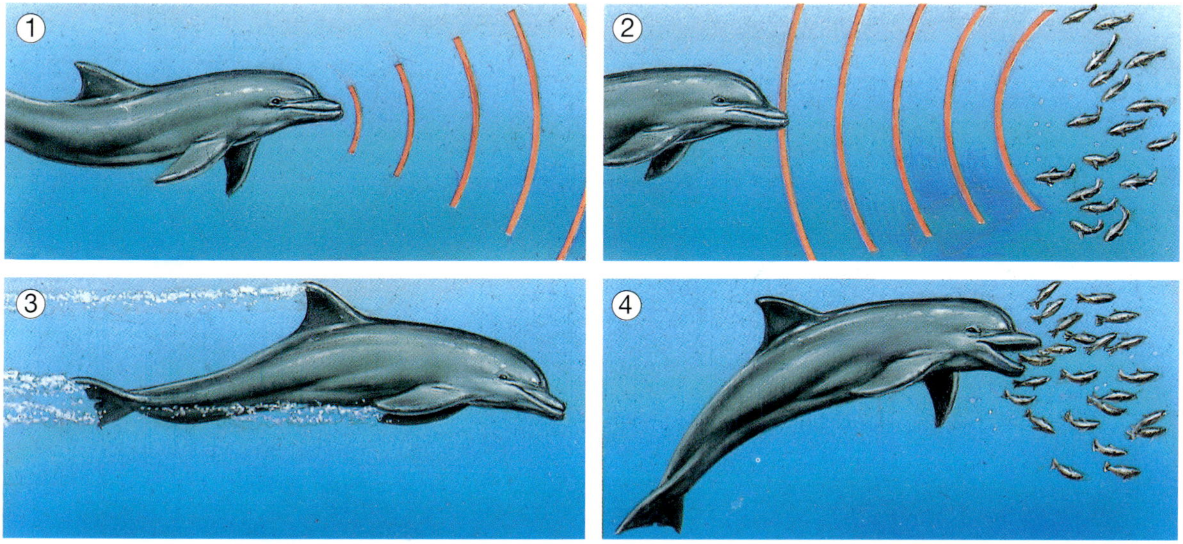

① Bei der Jagd sendet der Delfin für Menschen unhörbare Klickgeräusche aus.
② Treffen diese auf Fische, kommen sie als Echo zurück.
③ Der Delfin schwimmt auf die Beute zu und ④ verschlingt sie unzerkaut.

DIE GRÖSSTEN FISCHE

Fische leben in Meeren, Flüssen, Seen und Teichen.
Sie haben sehr unterschiedliche Formen und Größen.

Der größte Hai ist der Walhai. Dieser Riese kann bis zu 18 m lang werden und mehr als 15 t wiegen. Er ist aber der friedlichste Hai und ernährt sich ausschließlich von Plankton.

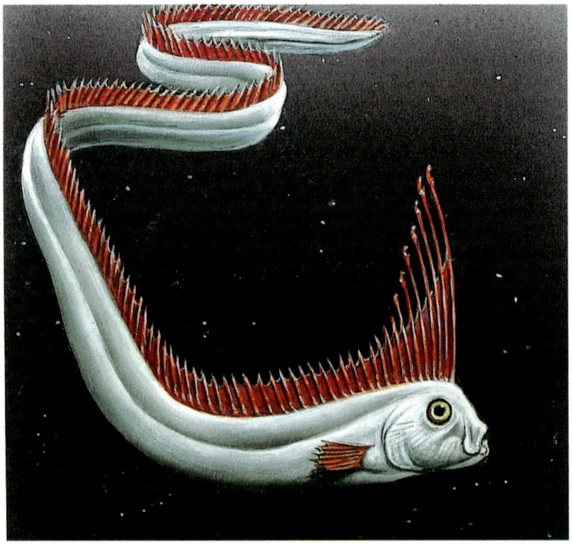

Der Riemenfisch ist sehr selten. Er gleicht einer Schlange und kann mehr als 10 m lang werden.

Der Arapaima lebt im Amazonas, einem Fluss in Südamerika. Er kann länger als 4 m werden.

LANGLEBIGE FISCHE

Zahlreiche Meeresfische haben eine außerordentlich hohe Lebenserwartung, die mit der des Menschen durchaus vergleichbar ist.

Der Stör, ein Süßwasserfisch, wird 100 Jahre alt und älter.

Die Seeanemone lebt 90 Jahre und länger.

Der Süßwasser-Aal wird ebenfalls 90 Jahre alt und älter.

Der Karpfen, ein Süßwasserfisch, lebt 50 Jahre, zuweilen über 100!

Der Blauwal kann 50 Jahre und älter werden.

Der Hummer ist das langlebigste der Krustentiere: 50 Jahre.

DIE LÄNGSTEN STOSSZÄHNE

Zwar hat der Afrikanische Elefant die längsten Stoßzähne, aber die einiger Meerestiere sind ebenfalls beeindruckend!

Der Narwal aus der Ordnung der Waltiere hat nur einen einzigen, spiralförmigen Stoßzahn, der oft 2,50 m lang oder länger wird. Es ist ein weit nach vorn gestreckter Zahn, den nur die Männchen haben. Sein Zweck ist unbekannt.

Auch das Walross hat große Stoßzähne. Es wiegt zwischen 1 und 2 t und lebt in den Eismeeren. Seine 60 bis 100 cm langen Stoßzähne sind verlängerte Zähne, mit denen es sich auf das Eis zieht oder mit anderen Walrossen kämpft.

DIE GRÖSSTEN UND SCHÖNSTEN MUSCHELN UND SCHNECKEN

Muscheln und Schnecken haben einen weichen Körper.
Er wird meist von einer harten, schön geformten Schale geschützt.

Die größte ist die Riesenmuschel. Sie ist mehr als 1 m groß und über 250 kg schwer. Sie ernährt sich von Kleinstlebewesen, die sie durch die geöffnete Schale verschlingt. Die schönen Farben verdankt sie den Algen, die sich im Innern festsetzen, denn die Riesenmuschel lässt ihre Schale meist halb geöffnet.

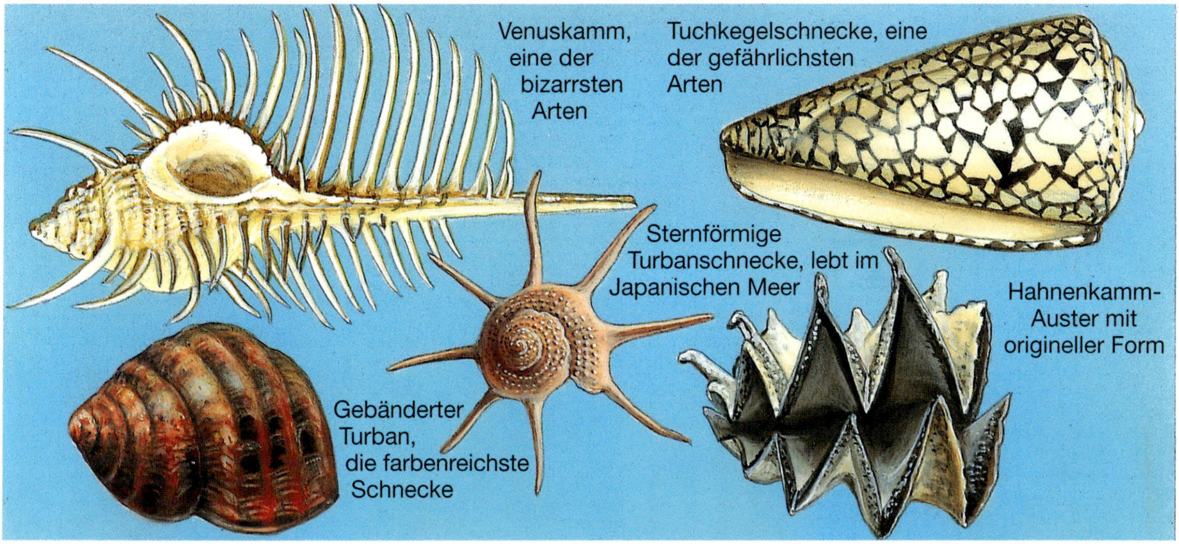

Wie kann die Natur so schöne Muscheln und Schnecken mit so ungewöhnlichen Formen hervorbringen? Dies hängt sicherlich mit ihren speziellen Genen zusammen. Das Ergebnis ist jedenfalls faszinierend!

KORALLEN – EIGENARTIGE TIERE

Korallen sind Tiere mit einem ganz weichen Körper, „Polyp“ genannt. Dieser ist von einer festen Kalkschicht umgeben.

Es gibt zahlreiche Korallenarten, die sich zu Stöcken zusammenschließen und dann fächer-, kugel- oder säulenartige Bauten bilden. Ihre Formen sind sehr verschieden und ihre Farben außerordentlich. In den Korallenriffen leben sehr schöne, farbenfrohe Fische. Das bekannteste Riff ist das Große Barriereriff vor der Küste Australiens, das zum Weltnaturerbe erklärt wurde.

SÄUGETIERE

DAS KLEINSTE SÄUGETIER

Von allen Tieren, die ihre Jungen säugen, ist die Spitzmaus das kleinste.

Diese winzige Spitzmaus ist ohne Schwanz zwischen 3,5 und 5 cm lang und wiegt 1,5 bis 2 g.

Spitzmäuse sind sehr gefräßig. Einige fressen am Tag das Doppelte ihres eigenen Körpergewichts.

Bei einem Spaziergang braucht die Spitzmaus-Mutter keine Angst zu haben, ihre Jungen zu verlieren. Sie klammern sich fest aneinander. Selbst wenn man die Mutter hochhebt, lassen sie nicht los.

DAS GRÖSSTE LEBENDE LAND-SÄUGETIER

Der Elefant wird 3,5 bis 4,5 m groß und 5 bis 7 t schwer.
Er braucht am Tag mindestens 140 kg Grünfutter.

Die Stoßzähne wiegen bei einem erwachsenen Männchen um die 25 kg. Der Rekord: 140 kg bei 3,5 m Länge.

Der Rüssel, der gleichzeitig Hand, Duscharm und Staubsauger ist, besteht aus 100 000 einzelnen Muskeln!

Elefanten ziehen in Gruppen umher und werden von sehr erfahrenen älteren Weibchen geführt. Diese haben ein wahres „Elefantengedächtnis“: Sie erinnern sich an Wasserstellen, die dutzende von Kilometern weit entfernt sind.

DIE GRÖSSTEN FLEISCHFRESSER

Bären brauchen kein anderes Tier zu fürchten. Wenn sie einen Feind sehen, richten sie sich auf, zeigen ihre Krallen und brüllen laut.

Der größte von ihnen ist der Alaska-Braunbär. Er kann bis zu 700 kg schwer und 4 m groß werden. Beim Fischfang – er bevorzugt Lachse – ist er sehr geschickt. Er ergreift sie mit den Zähnen und Krallen.

Die Bären-Mutter verbringt den Winter mit ihren Jungen in einer warmen Höhle, die sie mit weichen Gräsern ausgelegt hat. Sie bleibt dort, ohne zu fressen oder ihr Geschäft zu verrichten.
Die Jungen ernähren sich von ihrer sehr nahrhaften Milch.

DER EISBÄR

Der Eisbär lebt auf dem Packeis im Hohen Norden. Dank seiner dicken Fettschicht und seines Fells hält er Temperaturen bis zu – 60 °C aus.

Er läuft bis zu 70 km am Tag über das Eis auf der Suche nach Robben, seiner Lieblingsspeise. Wenn er das Atemloch einer Robbe im Eis entdeckt, wartet er davor, bis die Robbe ihren Kopf herausstreckt und fängt sie dann.

Der Eisbär ist ein ausgezeichneter Schwimmer. Er kann 10 bis 35 km in einer Stunde schwimmen. Manchmal zieht er sich auf eine Eisscholle hoch und lässt sich auf der Suche nach Nahrung ruhig von der Strömung treiben.

DER GRÖSSTE PFLANZENFRESSER IM HOHEN NORDEN

Der Moschusochse lebt in den arktischen Eisregionen. Er wurde von Jägern fast ausgerottet und steht inzwischen unter Artenschutz.

Er wird größer als 2 m und wiegt zwischen 250 und 350 kg. Die langen Haare des Moschusochsen schützen ihn vor den kalten Winden und heftigen Stürmen im Hohen Norden. Im Winter hängen die Haare bis zu den Hufen herab.

Um sich gegen Wölfe zu verteidigen, bilden die Moschusochsen einen Kreis. Dabei nehmen sie die Jungen zum Schutz in ihre Mitte. Mit dieser Taktik trotzen sie auch der Kälte bei Unwettern. Die älteren Männchen haben dabei die schlechtesten Plätze.

DAS HÖCHST GEWACHSENE SÄUGETIER

Die Giraffe ist das höchst gewachsene Tier der Welt. Den Rekord hält ein Männchen mit mehr als 6 m. Die Länge des Halses ist beeindruckend.

Die Giraffe ist ein eher friedliches Tier. Ihr Name bedeutet im Arabischen „lieblich". Zum Trinken muss sie ihre Vorderbeine auseinander spreizen, da ihr steifer Hals sich nicht so leicht biegen lässt. Grund dafür sind die 25 cm großen Wirbel.

Die Giraffe greift die Blätter mit ihrer Zunge, die bis zu 55 cm lang wird.

Bei der Geburt steht die Giraffe. Ihr Junges fällt aus fast 2 m Höhe.

DIE SCHNELLSTEN SÄUGETIERE

Die Meister der Schnelligkeit leben in der Savanne. Bei der Jagd nach Beute erreichen sie Höchstgeschwindigkeiten.

Der Gepard hält mit bis zu 110 km/h über 200 bis 300 m den Rekord.

Eine Löwin beschleunigt auf bis zu 70 km/h, um eine Gazelle zu fangen.

Auch die Hyäne (links) und der Schakal (rechts) sind sehr schnelle Tiere. Wenn sie jagen, erreichen sie Spitzengeschwindigkeiten von 65 km/h.

DAS LANGSAMSTE TIER

Das langsamste Tier ist das Faultier. Es ist nicht größer als eine Katze und lebt in den Bäumen der südamerikanischen Regenwälder.

Es bewegt sich ganz langsam von Ast zu Ast: 5 m pro Minute.

Es frisst Blätter und braucht einen Monat zur Verdauung.

Das Faultier ist ein großer Schläfer: mindestens 20 Stunden am Tag.

Es vergräbt seine Exkremente unter dem Baum, auf dem es lebt.

KÄNGURUS: MEISTER IM SPRINGEN

Kängurus kommen nur in Australien vor. Sie gehören zu den Beuteltieren: Ihre Jungen wachsen in einem Beutel am Bauch heran.

Wenn die Riesenkängurus von einem Wildhund, dem Dingo, verfolgt werden, können sie 4 m hoch und etwa 12 bis 14 m weit springen. Dabei erreichen sie eine Geschwindigkeit von fast 80 km/h.

Das größte Känguru ist etwa 2 m groß und wiegt 85 kg.

Das kleinste Beuteltier wiegt dagegen nur einige Gramm. Es gleicht einer dicken Maus.

SÄUGETIERE MIT DEN MEISTEN NACHKOMMEN

Die größten Tiere haben keinesfalls die meisten Nachkommen pro Wurf. Der Elefant bekommt immer nur ein Junges.

Diese Igelart hält den Rekord mit 31 Jungen, von denen bis auf eines alle überlebten.

Der Goldhamster, der sich gut als Haustier halten lässt, kann bis zu 22 Junge bekommen.

Zwischen 10 und 18 Junge bekommt das Virginia-Opossum. Das schafft Probleme, weil das Weibchen nur 13 Zitzen hat!

Bis zu 13 Junge hat der Hyänenhund, eine Wildhundart, die in den Waldsavannen Afrikas lebt.

DIE IMPOSANTESTEN HÖRNER

Einige Säugetiere benutzen ihre Hörner zur Verteidigung. Bei manchen Tieren sehen sie sehr Furcht erregend aus.

Die Hörner-Spannweite dieses Wasserbüffels: mehr als 4 m.

Die Hörner des Mufflons können bis zu 1,90 m lang werden.

Die Hörner des Steinbocks können länger als 1 m werden.

Die Hirschziegenantilope hat die schönsten Hörner.

BEEINDRUCKENDE GEWEIHE

Alle Tiere der Hirschfamilie haben auf ihrem Kopf mehr oder weniger ausgeprägte Hörner, die man Geweihe nennt.

Mit 46 kg ist das Geweih des Elchs das schwerste.

Das Geweih eines Rentiers kann 1,60 m lang werden.

Das Geweih des Wapiti-Hirschs (links) und des Rothirschs (rechts) wird rund 1,60 m lang. Es wird jedes Jahr abgeworfen und wächst nach.

STREIFENGNUS – DIE GROSSEN WANDERER

Diese Kuhantilopenart sieht sehr seltsam aus. Sie lebt in der Savanne, wo sie auch „Steppenclown“ genannt wird.

Streifengnus, die in Regionen mit Trockenzeiten leben, ziehen zur Nahrungssuche immer umher. Sie wandern über hunderte von Kilometern weit. Nichts hält sie auf, nicht einmal Flüsse mit Krokodilen.

Pech für kleine oder kranke Gnus: Löwen und Leoparden streifen immer um die Herden herum und auch die Hyänen sind nie weit entfernt.

DAS GEHEIMNIS DER LEMMINGE

Diese kleinen Nager leben in den nordischen Ländern und zeigen ein merkwürdiges Verhalten, wenn sie zu zahlreich werden.

Lemminge vermehren sich sehr schnell. Wenn es nicht mehr genügend Nahrung für alle gibt, setzen sie sich mit erstaunlicher Energie zu tausenden in Marsch. Nichts kann die Lemminge aufhalten!

Sie durchqueren Seen und Flüsse, klettern Berge hoch und fressen unterwegs alles, was sie finden.

Am Meer angekommen, stürzen sie sich hinein. Dieser rätselhafte Selbstmord geschieht etwa alle 10 Jahre.

MEISTER IM ÜBERWINTERN

Zahlreiche Tiere halten Winterschlaf und wachen erst im Frühjahr wieder auf. Sie verspüren weder Hunger noch Kälte.

Im Herbst rollt sich das Murmeltier in seiner Höhle zur Kugel und schläft bis zum Frühjahr. Sein Herz schlägt langsamer und seine Körpertemperatur sinkt ab. Es wacht alle 3 bis 4 Wochen auf, um sein Geschäft zu verrichten.

Andere kleine Nager wie die Haselmaus (links) und der Siebenschläfer (rechts) überwintern ebenfalls. Alle diese Tiere fressen sehr viel, bevor sie sich zur Ruhe legen und erhöhen ihr Gewicht um 50 %, um sich Fettreserven zuzulegen.

ERSTAUNLICHE VERTEIDIGUNGSMITTEL

Bei Gefahr behelfen sich viele kleine Säugetiere mit einer List oder benutzen ihren Körper, um sich zu verteidigen.

Das Gürteltier (links) rollt sich zu einer Kugel, aber nicht vollständig. Wenn sein Angreifer die Schnauze hineinsteckt, schließt es die Kugel und hält die Schnauze fest. Auch das Schuppentier rollt sich zur Kugel und gleicht dann einem Tannenzapfen.

Die 50 cm langen Stacheln des Stachelschweins können sich lösen und bleiben dann im Fleisch des Angreifers stecken.

Das Stinktier hebt seinen Schwanz und spritzt einen Strahl ätzender, stinkender Flüssigkeit auf seinen Gegner.

SEHR GUTE SCHAUSPIELER

Einige Tiere werden zu Schauspielern, wenn sie Feinden entkommen oder Beute fangen wollen. Eine oscarreife Leistung!

Den ersten Preis würde wohl das Virginia-Opossum erhalten. Wenn es seinem Gegner nicht mehr entkommen kann, stellt es sich tot. Es bewegt sich selbst dann nicht mehr, wenn es gestoßen, gebissen oder gestochen wird.

Auch der Fuchs stellt sich tot. Jedoch ist dies eine List, um Vögel anzulocken. Sind sie in Reichweite, schnappt er mit seinen Zähnen nach ihnen. Diese Taktik ist sehr wirksam und vor allem nicht anstrengend.

MEISTER DER ANPASSUNG AN DIE JAHRESZEITEN

Einige Pelztiere tauschen ihre braunen Sommerhaare gegen ein dichtes weißes Winterfell. Damit sind sie im Schnee kaum zu sehen.

Der im Sommer rotbraune Schneehase wird im Winter ganz weiß. Sein dichtes Winterfell hält ihn warm.

Auch das Hermelin trägt ein weißes Winterkleid. Die Schwanzspitze aber bleibt schwarz.

Der Polarfuchs bekommt im Winter ein längeres und dichteres weißes Fell. Selbst an seinen Pfoten wachsen in dieser Zeit lange Haare.

GENÜGSAME FRESSER

Diesen beiden Tieren ist gemeinsam, dass sie sich ausschließlich von einer Pflanzensorte ernähren. Das kann ihr Überleben gefährden.

Der Koala, der einem kleinen Bären gleicht, frisst nur die Blätter des Eukalyptusbaums. Er trinkt nie, sondern stillt seinen Durst mit dem Saft in den Blättern. Das kleine Tier kommt nur in Australien vor.

Der Panda mag nur Bambus, vor allem die Blätter und zarte Sprosse. Um satt zu werden, muss er täglich fast 12 Stunden lang fressen. Da aber der Bambus nicht so schnell nachwächst, sind die Pandas in ihrem Bestand gefährdet.

FLIEGENDE SÄUGETIERE

Die Fledermäuse sind zwar keine Vögel, können aber mit ihren zwei langen Flügeln aus dünner Haut fliegen.

Fledermäuse jagen vor allem nachts Insekten.

Wenn sie nicht fliegen, hängen sie mit dem Kopf nach unten.

Den ganzen Winter über schlafen sie dicht aneinander gedrängt.

In Australien gleitet das Flughörnchen von Baum zu Baum.

DER EIGENARTIGE AMEISENBÄR

Dieses in Südamerika lebende Tier sieht mit seiner spitzen Schnauze und seinem langen Schwanz sehr eigenartig aus.

Um an seine Lieblingsspeise, Ameisen und Termiten, heranzukommen, reißt der Ameisenbär ihre Bauten auf. Er taucht seine bis zu 60 cm lange, klebrige Zunge hinein, um die Insekten aufzuschlecken. Er macht bis zu 150 Zungenschläge in der Minute.

Zum Schlafen gräbt er sich ein nicht zu tiefes Loch. Das ist gerade groß genug, um nicht entdeckt zu werden, wenn er sich mit seinem Schwanz zudeckt. Er hat einen leichten Schlaf und kann sehr gut hören. Er fürchtet vor allem seinen Hauptfeind, den Jaguar.

DER AMEISENIGEL: MEISTER DER RASCHEN TARNUNG

Dieser Kleinsäuger, der einem Igel gleicht, legt Eier wie das Schnabeltier. Wie dieses kommt auch er vor allem in Australien vor.

Mit seiner schnabelähnlichen Schnauze durchwühlt der Ameisenigel den Boden auf der Suche nach Ameisen und Termiten. Er fängt sie mit seiner klebrigen Zunge, die er bis zu 18 cm herausstrecken kann. Sein mit langen Stacheln besetztes Fell ist ein wirksamer Schutz.

Wenn er sich bedroht fühlt und weichen Boden unter sich hat, gräbt er sich blitzschnell wie ein untergehendes Schiff ein. Nur noch einige Stacheln schauen dann heraus.

DER IGEL: EIN GROSSER WANDERER

Der Igel ist gegen Gift immun und kann deshalb ohne Furcht Wespennester plündern oder Schlangen angreifen.

Er ist sehr gefräßig und legt in einer Nacht auf der Suche nach Nahrung bis zu 3 km zurück.

Bei Gefahr rollt er sich zu einer Kugel zusammen, um den stachellosen Bauch zu schützen.

Während des Sommers stopft er sich mit Nahrung voll und frisst sich Fettschichten an, die ihm das Überwintern ermöglichen. Sobald es kalt wird, bereitet sich der Igel ein weiches Nest mit Gras und welkem Laub. Dort schläft er tief und fest bis zum Frühling.

DER MAULWURF LEBT IM DUNKELN

Der Maulwurf verbringt sein Leben unter der Erde in Gängen, die er sich mit seinen kräftigen Vorderkrallen gegraben hat.

Er frisst Larven und vor allem Würmer, die er manchmal auch lagert, nachdem er ihnen den Kopf abgebissen hat.

Der Maulwurf verlässt seine Gänge, um Gras zu holen. Damit legt er dann sein Nest für die Jungen aus.

Die Maulwurfshügel auf den Wiesen entstehen, wenn er die Erde seiner Gänge auswirft.

Maulwürfe, die sich gut verstehen, schaffen Verbindungsgänge für kleine Nachbarschaftsbesuche.

DER BIBER: EIN GROSSER BAUMEISTER

Die Zähne sind das Hauptwerkzeug des Bibers. Er muss sie permanent benutzen, da sie ständig nachwachsen.

Er frisst die Rinde der Bäume ab und nagt so lange am Stamm, bis dieser umstürzt. Dann teilt er ihn in Stücke.

Er legt die Holzstücke am Flussufer als Vorrat oder zum Bau von Dämmen ab.

Sein langer, mit Schuppen bedeckter Schwanz ist ihm sehr nützlich. An Land dient er als Stütze, im Wasser als Ruder. Der Biber schlägt mit ihm auf die Wasseroberfläche, um seine Familie vor Gefahren zu warnen.

Der Biber errichtet einen Damm im Fluss, um einen See aufzustauen. Dieser muss tief genug sein, damit das Wasser im Winter nicht vollständig zufriert und er problemlos in seinen Bau zurückkehren kann.

Der Biber arbeitet unermüdlich. Er schwimmt ständig zwischen Ufer und Damm hin und her, um die Holzstücke zu transportieren, die er braucht.

Am Ufer oder auf einer kleinen Insel seines Sees legt der Biber seinen Bau mit ineinander geflochtenen Ästen und Schlamm an. Der Eingang liegt unter dem Wasserspiegel. So kann er den Feinden entgehen, die nicht schwimmen können.

ERDMÄNNCHEN TRINKEN NIE

Sie leben in der afrikanischen Wüste. Auf den Hinterbeinen stehend, die Vorderbeine über den Bauch gelegt, gleichen sie kleinen Menschen.

Da sie nicht viel zum Fressen finden, ist ihr Jagdgebiet sehr groß. Deshalb graben sie überall Höhlen, in die sie sich bei Gefahr oder zum Ausruhen zurückziehen können. Weil es kein Wasser gibt, trinken sie nie. Stattdessen saugen sie das Blut ihrer Beute auf: Insekten, Spinnen oder kleine Echsen ...

Ein Erdmännchen hält immer auf einem erhöhten Platz Wache.

Sie leben in Gruppen und helfen sich gegenseitig.

DAS GRÖSSTE TIERE DER SAHARA

Das größte Tier der Wüste Sahara ist das Dromedar, eine Kamelart mit nur einem Höcker. Es fürchtet weder Hitze noch Sandstürme.

Um in der Wüste überleben zu können, sind die Nomaden auf Dromedare angewiesen. Sie liefern ihnen Milch und Fleisch. Außerdem können diese starken Tiere schwere Lasten über große Entfernungen tragen.

Durch das Fett in seinem Höcker auf dem Rücken kann das Dromedar mehrere Tage ohne Nahrung und Wasser auskommen. Ist der Höcker ganz weich geworden, muss es wieder Nahrung aufnehmen. Wenn es sehr durstig ist, kann es mehr als 100 l Wasser in wenigen Minuten trinken.

SCHIMPANSEN: NAHE VERWANDTE DES MENSCHEN

Der Schimpanse ist ein sehr kluger Affe. Sein haarloses Gesicht kann Freude, Trauer oder Zorn ausdrücken. Nur sprechen kann er nicht.

Seine Klugheit zeigt sich im Gebrauch von Werkzeugen. Beispielsweise entfernt er die Blätter eines Zweigs, steckt ihn in einen Termitenbau und fängt so die Termiten.

Bei einer Wanderung der Gruppe werden schwache Tiere von den anderen gestützt.

Schimpansen verständigen sich untereinander: Um seine Gruppe zu rufen, trommelt er auf den Stamm.

ANDERE PRIMATEN

Affen gehören wie wir selbst zur Familie der Primaten. Ihr Gehirn ist weiter entwickelt als das anderer Tiere.

Der Orang-Utan ist das größte in den Bäumen lebende Säugetier. Zugleich frisst er auch die meisten Früchte.

Die Schreie des Brüllaffen sind mehrere Kilometer weit in der Umgebung zu hören.

Der Gorilla ist die größte Affenart. Er wird bis zu 2 m groß und lebt im afrikanischen Regenwald.

Schimpansen und Gorillas können sich durch Gesten mit Menschen verständigen.

DER WASCHBÄR: EIN VIELFRASS

Er wird nur 30 bis 40 cm groß, ist aber recht füllig und hat einen langen, schwarz-weiß gestreiften Schwanz. Er lebte ursprünglich in Amerika.

Seinen Namen verdankt er der Angewohnheit, seine Nahrung vor dem Verzehr zu waschen. Er ernährt sich von Fischen, Fröschen, gelegentlich von Mäusen und auch von Eiern. Diese holt er sich aus hoch gelegenen Baumnestern heraus, denn er ist ein ausgezeichneter Kletterer!

Er frisst sehr viel und nähert sich auf seiner Nahrungssuche manchmal auch Häusern. Dort wühlt er in den Abfällen. Und wenn die Tür offen steht, läuft er auch ins Haus. Er ist sehr geschickt und kann den Deckel eines Honigglases aufschrauben. Den mag er besonders gern!

DIE GRAUSAMSTEN SÄUGETIERE

Das Verhalten von Tieren derselben Art erscheint manchmal sehr seltsam. Sie können extrem grausam werden.

Wird die Nahrung knapp, gräbt das Weibchen des Präriehunds seine trächtige Schwester lebendig ein.

Nach einem Kampf zwischen zwei Löwen tötet der Sieger die Jungen des Verlierers und verjagt ihn.

Wenn ein Pavian die Position des Leittiers einnehmen will, tötet er dessen Jungen und nimmt seine Weibchen.

Um einer anderen Gruppe das Terrain abzujagen, bewerfen sich Schimpansen mit großen Steinen.

ALBINOS

Einige Tiere sind ganz weiß, weil ihnen der Farbstoff fehlt, der das Fell färbt.

Sie sind nicht mit Tieren zu verwechseln, die von Natur aus weiß sind wie etwa der Eisbär. Normalerweise sind Tiger und Eichhörnchen nicht weiß.

Solche Tiere leben gefährlicher als andere, weil sie in der Natur leichter entdeckt werden können, wie dieser Koala und diese Giraffe. Außerdem sind sie empfindlicher gegen Sonnenstrahlen.

REPTILIEN UND FRÖSCHE

ECHSEN

Die größte Echse, der Komodowaran, wird etwa 3 m lang. Die kleinste, aus der Familie der Geckos, misst kaum mehr als 2 cm ohne Schwanz.

Der Waran lebt auf der Insel Komodo in Indonesien. Seine Gestalt ist seit 140 Millionen Jahren unverändert. Er wiegt 130 kg und mehr.

Diese Echse ist ein Flugdrache. Sie bewegt sich im Gleitflug.

Der Basilisk läuft so schnell, dass er nicht untergeht.

WIRKSAME VERTEIDIGUNGSMITTEL

Echsen, die im Allgemeinen nicht sehr groß werden, haben viele Möglichkeiten, sich gegen ihre Feinde zu verteidigen.

Einige Echsen können ihren Schwanz abwerfen, um ihre Feinde abzulenken. Keine Angst, er wächst wieder nach!

Um ihren Gegner auf Distanz zu halten, spritzt diese kleine Echse Blutfontänen aus ihren Augen heraus.

Die Gürtelechse rollt sich ein und zeigt die stacheligen Schuppen.

Diese Echse richtet eine enorme Halskrause auf.

Diese Echse läuft so schnell vorwärts wie rückwärts.

EINE ECHSE, DIE IHRE FARBE WECHSELN KANN

Das Chamäleon ist eine Echse. Es lebt vor allem in den Bäumen und kann seine Farbe wechseln.

Je nach Stimmung oder Außentemperatur wechselt das Tier seine Farbe.

Seine Augen sind bemerkenswert. Gleichzeitig kann das eine nach vorn, das andere nach hinten schauen.

Es fängt die Insekten mit seiner klebrigen Zunge, die es hervorschnellen lässt. Wenn es sich häutet, löst sich die Haut in Fetzen ab.

DAS KROKODIL, DAS GRÖSSTE REPTIL

Das Krokodil ist ein urzeitliches Tier, das im Süß- oder Salzwasser lebt. Wenn es hungrig ist, fällt es auch Menschen an.

Das größte Krokodil ist 5 bis 7 m lang und wiegt 500 bis 1000 kg. Es lebt in Asien und wird auch „Menschenfresser“ genannt.

Es baut ein Nest am Ufer, um dort seine Eier einzugraben. Das Nest kann bis zu 3 m hoch sein.

Das Weibchen transportiert seine Jungen im Maul. Dort sind sie gut geschützt und außer Gefahr.

SCHLANGEN

Alle Schlangen sind Fleischfresser. Aber sie können auch mehrere Monate, ja selbst ein Jahr lang ohne Nahrung auskommen.

Dieser Python ist mit 10 m die längste Schlange. Er wiegt 150 kg.

Die Anakonda ist die dickste: Sie wiegt 250 kg und wird 8 m lang.

Die nur 10 cm lange Schlankblindschlange ist die kleinste.

Diese „fliegende“ Schlange springt von Baum zu Baum.

Einige Schlangen ersticken ihre Beute, bevor sie sie verschlingen. Andere töten sie in wenigen Minuten mit Gift.

Mit weit geöffneten Kiefern verschlingt der Python sogar eine Gazelle, die er dann wochenlang verdaut.

Diese Schlange verschlingt ein Ei, das 4-mal so groß ist wie ihr Kopf. Ist der Inhalt verdaut, würgt sie die Schale aus.

Zum Wachsen müssen Schlangen ihre Haut wechseln. Beim Häuten werfen sie ihre alte Haut vom Kopf her ab.

Um Feinden zu entgehen, stellen sich einige Schlangen tot. Diese Natter dreht sogar ihren Kopf um.

FRÖSCHE

Frösche atmen über kleinen Lungen, aber vor allem über ihre glatte und feuchte Haut.

Dieser afrikanische Frosch ist der größte: 80 cm. Er wiegt 4 kg!

Kurios: Zum Quaken blasen die Männchen ihren Schallsack auf.

Einige Frösche springen bis zu 5 m weit!

Dieser Frosch baut ein superleichtes Nest aus Schaum.

Um ihren Feinden zu entkommen, tauchen die Frösche ins Wasser ab, verbergen sich im Gras oder signalisieren mit ihren Farben, dass sie gefährlich sind.

Die Farben dieses Froschs erschrecken seine Feinde.

Dies ist der gefährlichste Frosch: Er sondert ein tödliches Gift ab.

Einige Frösche nehmen die Farbe ihrer Umgebung an.

Dieser Frosch bleibt im welken Laub unentdeckt.

LANDSCHILDKRÖTEN

Die Landschildkröten gehören zu den langlebigsten Tieren, sie werden bis zu 150 Jahre alt. Ihr Panzer ist eine wirksame Rüstung.

Die Riesenschildkröten sind sehr beeindruckende Tiere aus vorgeschichtlicher Zeit. Sie wachsen sehr langsam aber ständig, so lange sie leben. Einige werden größer als 1,50 m und 250 kg schwer.

Mit ihrem geschmeidigen Panzer kann sich diese Schildkröte in Felsspalten verstecken.

Die Dosenschildkröte ① kann ihren Panzer vollständig schließen. Nichts schaut dann noch heraus ②.

INSEKTEN UND SPINNEN

DIE SCHÖNSTEN EXEMPLARE

Auch einige häufig vorkommende Insekten haben so außergewöhnliche Farben und Formen, dass sie sogar Schmuckdesigner angeregt haben.

Die prächtigen Farben dieser Insekten erinnern an die von Edelsteinen.

DIE LISTIGSTEN RAUPEN

Einige Raupen sind sehr einfallsreich, um ihren Feinden zu entgehen, bevor sie zu Schmetterlingen werden.

Die Gabelschwanzraupe hat eine Angst einflößende Maske auf dem Kopf und zwei Hörner auf dem Schwanzteil.

Diese Raupe ahmt das Aussehen einer gefürchteten Spinne nach, der Vogelspinne.

Die Spannerraupe heftet sich an einen Ast, streckt ihren Körper gerade aus und bewegt sich nicht mehr.

Die Seidenspinnerraupe täuscht ihre Feinde mit falschen Augen, die von Haaren umgeben sind.

„SINGENDE“ INSEKTEN

Heuschrecken „singen“, indem sie ihre Flügel gegeneinander reiben. Die Feldheuschrecke aber reibt ihre Beine gegen die Flügel.

Viele Heuschrecken können nicht fliegen, einige bewegen sich aber durch beeindruckende Sprünge bis zu einer Weite von 3 m fort. Das ist nur möglich, weil sie lange, muskulöse Beine haben.

Die Wanderheuschrecken fliegen sehr weit auf der Suche nach Nahrung. In riesigen Scharen mit Milliarden Tieren fallen sie über die Felder her und vernichten in nur wenigen Stunden alles. Sie sind sehr gefräßig und können jeden Tag ihr Eigengewicht fressen.

DIE SCHNELLSTEN INSEKTEN

Die schnellsten Insekten sind die Libellen, auch „Wasserjungfern" genannt. Sie sind die einzigen Insekten, die auch rückwärts fliegen.

Mit ihrem dünnen, lang gestreckten Körper und ihren großen Flügeln kann die Libelle 60 km/h schnell fliegen. Sie lebt an den Ufern von Seen, in die sie ihre Eier ablegt. Aus diesen schlüpfen dann die Larven.

Die gefräßigen Larven wachsen schnell und häuten sich regelmäßig, bevor sie zu schönen Libellen werden.

Die großen Augen aus tausenden von Facetten können eine unbewegliche Beute in 20 m Entfernung erkennen.

SKARABÄEN: ERSTAUNLICHE INSEKTEN

Es gibt 20 000 Arten von Skarabäen, die sich in zwei Gruppen unterteilen: in Pflanzenfresser und Mistfresser.

Der Bombardierkäfer lässt sich durch diesen Frosch nicht abschrecken. Aus einer Öffnung seines Hinterleibs spritzt er ein heißes Reizgas auf ihn ab. Völlig überrascht verharrt der Frosch regungslos und der Käfer kann seinen Weg fortsetzen.

Der afrikanische Skarabäus rollt eine Mistkugel in seine Höhle. Das Weibchen legt dann seine Eier darauf ab.

Der Goliathkäfer ist das schwerste aller Insekten, er wiegt bei einer Länge von 12 cm bis zu 100 g.

WASSERSPINNEN UND WASSERINSEKTEN

Einige Spinnen und Insekten bleiben an der Wasseroberfläche, andere sind im Wasser aktiv. Letztere haben zum Überleben ihre Atmung angepasst.

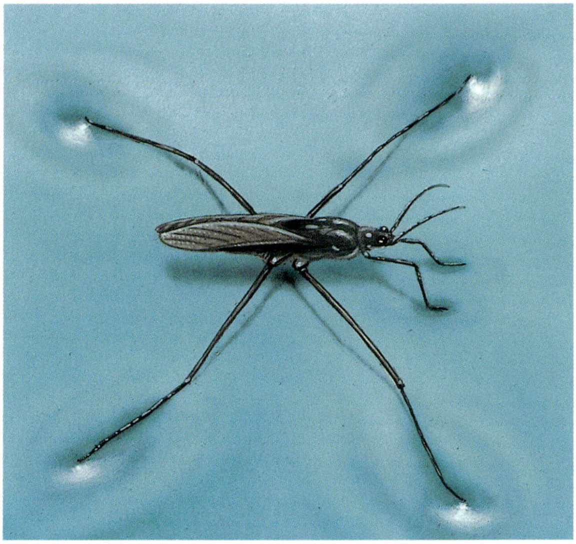

Der Wasserläufer gleitet über die Wasseroberfläche. Seine langen Beine drücken die Oberfläche lediglich ein.

Der Taumelkäfer dreht sich rasch auf der Oberfläche. Beim Eintauchen nimmt er am Hinterleib eine Luftblase mit.

Diese Wasserwanze bewegt sich mit ihren ruderförmigen Vorderbeinen auf dem Rücken fort.

Die Wasserspinne baut sich eine luftgefüllte Glocke. Die Luft nimmt sie mit ihren Beinen über Wasser auf.

TOTENGRÄBER

Die Totengräber ernähren sich von Tierkadavern und legen ihre Eier darauf oder in deren Nähe ab. Einige leben sogar in den Kadavern!

Diese Insekten leben die meiste Zeit in den Kadavern von Vögeln, Schlangen oder Mäusen. Das ist sehr praktisch: Sie sind vor Räubern geschützt und haben ihre Nahrung unmittelbar bei sich.

Dieses Skarabäenpaar gräbt eine tote Maus ein. Dann formt es aus dem Kadaver eine Art Kugel, in deren Nähe das Weibchen seine Eier ablegt. Wenn die Larven aus den Eiern schlüpfen, haben sie Nahrung im Überfluss.

FLIEGEN, DIE NICHT WIE FLIEGEN AUSSEHEN

Fliegen haben in aller Regel eine bestimmte Form und sind schwarz. Man erkennt sie auf den ersten Blick. Aber es gibt auch ganz andere Arten!

Finde die Fliege! Sie sitzt links. Die Schwebfliege lebt unter Wespen, sammelt Nektar von denselben Blumen, hat aber keinen Stachel. Die Ähnlichkeit mit einer Wespe schreckt ihre Feinde ab.

In den Höhlen von Waitomo (Neuseeland) lebt diese einzigartige Fliege, die einer Stechmücke ähnelt. Ihre Larven produzieren leuchtende Spinnfäden, die von der Decke herabhängen und damit Insekten anziehen.

MEISTER DER TARNUNG

Zum bestmöglichen Schutz vor ihren Feinden tarnen sich bestimmte Insekten auf außergewöhnliche Art, um unentdeckt zu bleiben.

Das Phyllium wird auch Wandelndes Blatt genannt.

Der Schmetterling ist auf dem Ast nicht zu erkennen.

Diese Heuschrecke hat dieselbe Rippenstruktur wie die Blätter.

Dieses Insekt züchtet sogar Schimmelpilze auf seinen Flügeln.

Von allen Tieren sind die Insekten die wahren Meister der Täuschung. Denn sie können bis ins kleinste Detail Formen von Pflanzen nachahmen, in deren Umgebung sie leben.

Schau genau hin! Inmitten dieses welken Laubs sitzt ein Insekt!

Diese gefleckte Wanze sieht aus wie ein Stück Borke.

Unmöglich, das Insekt inmitten dieser Zweige aufzuspüren!

Insekt und Blüte haben die gleiche Farbe. Kaum zu unterscheiden!

AMEISEN

Von allen Insekten sind die Ameisen am zahlreichsten. Sie leben nicht allein, sondern in Staaten. Jede Ameise hat eine bestimmte Aufgabe.

Ameisen „unterhalten sich“ mit ihren Fühlern, wenn sie aufeinander treffen.

Ein kleiner Tropfen auf der Stachelspitze sendet einen Duft aus. Er signalisiert „Gefahr“.

Im Ameisenhaufen gibt es viele Gänge, die die einzelnen Räume – Vorratslager, Larvenaufzucht, Friedhof, Königinnenkammer – miteinander verbinden. Die Königin wird von „Soldaten“ beschützt und macht nichts anderes als Eier legen.

Die Fleisch fressenden Ameisen sind gefährlich. Sie wandern dicht aneinander gedrängt in Scharen zu zehntausenden. Auf ihrem Weg vernichten sie jede denkbare Beute: Vögel, Insekten, Kleinsäuger …

① Die **Silberameise** verträgt sogar die Hitze der Sahara.
② Die **Treiberameisen** haben kein festes Nest. Sie bauen provisorische Lager, indem sie sich fest aneinander klammern. Die Königin in der Mitte legt dann in ihrem Schutz die Eier ab.
③ Einige Arten, die nicht genügend Arbeiterinnen haben, stehlen Puppen aus anderen Ameisennestern.
④ Die **Honigtopfameisen** speichern in ihrem Hinterleib Nahrung für ihr ganzes Volk.
⑤ Die **Dickkopfameise** blockiert den Eingang zum Nest mit ihrem riesigen Kopf.
⑥ Die **Blattschneiderameisen** sammeln Blätter, die sie in ihrem Nest in Stücke schneiden. Daraus bereiten sie einen Brei, auf dem Pilze wachsen, von denen sie sich ernähren.

BIENEN

Bienen leben in perfekt organisierten Gemeinschaften. Es gibt eine Königin, Männchen (die Drohnen) und tausende Arbeiterinnen.

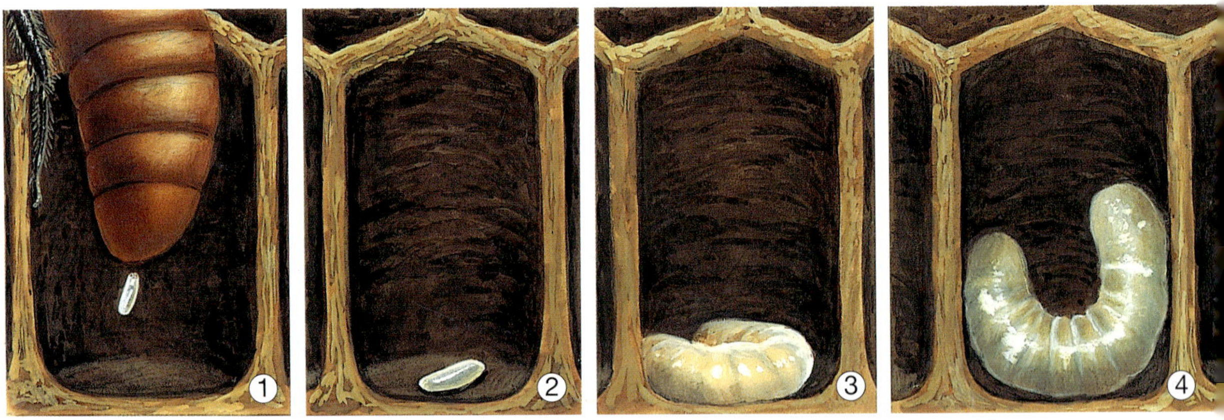

Stadien der Entwicklung vom Ei zur Biene innerhalb von 3 Wochen.
Alles passiert natürlich innerhalb derselben Wabe.
① ② Die Königin legt in jede Wabe ein Ei. ③ Daraus entwickelt sich die Larve.
④ Diese häutet sich und wächst heran. Nach und nach füllt sie die Wabe aus.

UNERMÜDLICHE ARBEITERINNEN

Bevor sie Nektar sammelt, hat die Biene bereits den Stock gesäubert, die Larven gefüttert, Waben gebaut, den Stock belüftet und bewacht.

Tätigkeiten im Bienenstock:
① Die Wächterinnen töten eine Maus, die in den Stock wollte.
② Andere Bienen schlagen mit ihren Flügeln, um dem Stock frische Luft zuzuführen.
③ Diese Bienen stellen das Wachs für neue Waben her.
④ Die Arbeiterinnen füttern die Larven.
⑤ Die Nektarsammlerin übergibt den eingesammelten Pollen an Lagerarbeiterinnen, die ihn in Waben ablegen.
⑥ Die Königin geht ihrer einzigen Beschäftigung nach, dem Eierlegen.

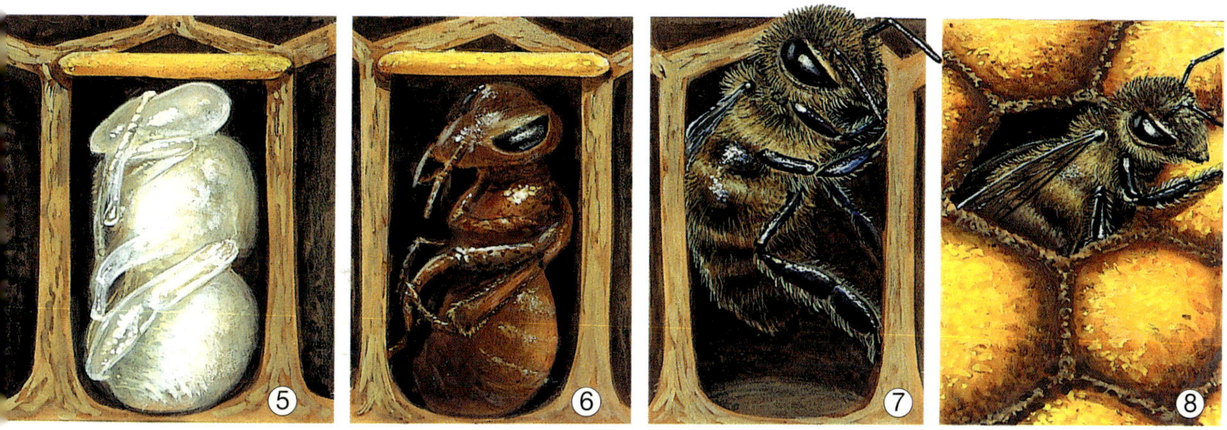

⑤ Aus der Larve wird nach einer neuen Häutung eine Puppe. Hier erkennen wir schon Kopf, Brust und Hinterleib.
⑥ Nach einer weiteren Verwandlung erscheint die kleine Biene.
⑦ Sie verlässt ihre „Wiege“, indem sie den Wabendeckel abknabbert.

RIESENNESTER

Insekten, die in Gemeinschaften leben, bauen beeindruckende Nester zum Schutz des ganzen Volkes.

Termiten sind großartige Baumeister. Sie mischen Speichel mit Erde und können damit unglaubliche Bauwerke von mehr als 8 m Höhe errichten. Ein Termitenhügel ist sehr stabil und kann Jahrzehnte überdauern. Solche Hügel gibt es vor allem in Afrika.

Das Nest der Roten Waldameise ist besonders beeindruckend. Der sichtbare Teil aus Erde und kleinen Zweigen kann höher als 1,50 m werden. Der unterirdische Teil erstreckt sich über mehrere Meter. Eine Million Ameisen kann in diesem stadtgleichen Nest leben.

ANDERE NESTFORMEN

Andere Nester sind weniger spektakulär, aber dennoch interessant durch ihre Form und Einzigartigkeit.

① Wespen sind außergewöhnlich kunstfertig. Einige Arten bauen ihre Nester aus Papier. Sie nagen Holz ab und zerkauen es so lange in ihrem Mund, bis daraus ein Papierteig entsteht. ② Andere wie die Pillenwespe benutzen Ton oder Schlamm, aus dem sie ein Nest in Form eines Krugs bauen.

Die Weberameisen, die in den Bäumen tropischer Regionen leben, bauen ihr Nest mit Blättern. Sie weben die Blattränder mit den sehr stabilen Spinnfäden ihrer Larven zusammen. An einem Ast befestigt, kann ein solches Nest Schutz für bis zu 100 000 Ameisen bieten.

SPINNEN

Spinnen sind überall zu finden: in Höhlen, Wäldern, im Gebirge, hoch in den Bergen, in den Häusern und selbst im Wasser!

Die größte ist die Vogelspinne. Sie hat eine Spannweite von 28 cm und ist 12 cm lang. Sie ist ein Nachtjäger.

Die gefährlichste Spinne ist die Schwarze Witwe. Ihr Biss kann tödlich sein. Sie lebt in wärmeren Gebieten.

Die Krabbenspinnen nehmen die Farbe der Blumen an, auf denen sie leben. So schützen sie sich vor den Vögeln und können zugleich ihre Beute überraschen, die sich nicht in Acht nimmt.

Die im Hinterleib der Tiere erzeugten Spinnfäden sind gemessen an ihrer Dicke extrem reißfest. Das interessiert auch die Forscher: Sie versuchen dieses Material für die Industrie nachzuahmen.

Die Sonnenspinne hält Hitze am besten aus. Sie verlässt ihren Platz nur nachts zum Jagen.

Die Zebraspringspinne springt auf ihre Beute zu. Eine ihrer Art wurde noch in 6000 m Höhe beobachtet!

Spinnen bauen mit ihren Beinen ein sehr exaktes Netz. Wenn es fertig ist, setzt sich die Spinne in die Mitte oder an den Rand, ihre Beine bleiben jedoch immer im Kontakt mit dem Netz. Durch die Vibration der Fäden merkt sie sofort, wenn sich ein Insekt im Netz verfangen hat.

SKORPIONE

Mit seinen beiden Zangen ähnelt dieser Verwandte der Spinne ein wenig einem Krebs. Sein Schwanz endet in einem Giftstachel.

Das Skorpion-Weibchen ist eine gute Mutter. Nach der Geburt der Jungen lässt es sie nicht allein, wie es viele Spinnen und Insekten tun. Das Weibchen trägt sie etwa 2 Wochen lang auf ihrem Rücken. In dieser Zeit wachsen die Jungen etwas und häuten sich 2- oder 3-mal.

Der Kaiserskorpion ist mit über 20 cm die größte Art. Im Durchschnitt messen Skorpione nur 5 cm.

Skorpione ernähren sich von lebenden Insekten, die sie mit Gift lähmen. Sie kommen monatelang ohne Nahrung aus.

VÖGEL

DIE SCHÖNSTEN VÖGEL

In der Regel haben die Männchen ein auffallendes Gefieder. Was tun sie nicht alles, um die Weibchen anzulocken!

Dieser prächtige Sonnensittich ist einer der schönsten Vögel. Er ist vom Aussterben bedroht.

Der Pfau weiß, dass das Weibchen dem Charme der vielen weit geöffneten Augen auf den Federn nicht widerstehen kann.

Der Federkragen des Goldfasan-Männchens reicht bis über den Schnabel, wenn er um seine Liebste wirbt.

Der Europäische Bienenfresser ist in allen Schattierungen gefärbt. Auf dem Bauch hat er silberne Streifen.

DIE GRÖSSTEN VÖGEL

Diese Vögel haben eine Spannweite von mehr als 3 m. Das ist die Weite von einer Spitze zur anderen, wenn die Flügel ausgebreitet sind.

Der Wanderalbatros hat eine Spannweite von mehr als 3,50 m. Er nutzt den Wind, um in der Luft zu gleiten.

Der Gänsegeier besitzt eine Spannweite von etwas mehr als 3 m. Er ernährt sich von Aas.

Der Trompeterschwan hat eine Spannweite von 3,10 m.

Der Rosapelikan mit einer Spannweite von 3 m lebt am Wasser.

DIE GRÖSSTEN SCHNÄBEL

Einige Schnäbel dienen als Werkzeug, andere sind nur Schmuck. Die Vögel können damit Weibchen anlocken oder Feinde abschrecken.

Tukane haben einen enormen Schnabel. Sein Zweck ist noch unbekannt, denn sie ernähren sich von Früchten. Immerhin ist der hohle Schnabel sehr leicht.

Der Schnabel des Nashornvogels sieht wegen des helmartigen Aufsatzes recht seltsam aus. Er ist sehr scharf.

Der Schuhschnabel lebt in Afrika. Seinen etwa 20 cm langen und 10 cm breiten Schnabel benutzt er zum Fischen und als Vorratsraum für seine Jungen im Nest.

Der Pelikan hat einen großen Schnabel mit einem Sack darunter. Darin hortet er die Fische, die er fängt.

VÖGEL MIT DER BESTEN SEHSCHÄRFE

Am besten sehen die Greifvögel, also Fleisch fressende Vögel, die ihre Beute jagen.

Der Kaiseradler kann seine Beute aus 3 km Entfernung erspähen.

Der Wanderfalke stürzt sich auf Beutetiere, die mehr als 8 km entfernt sind.

Mit ihren großen, nach vorne gerichteten Augen sieht die Eule nachts sehr gut.

Der Geier fliegt über 5000 m hoch. Er sichtet 3 km entfernte Kadaver.

„SPRECHENDE“ VÖGEL

Natürlich denken wir sofort an den Papagei, aber auch andere Vögel können Laute nachahmen oder erstaunliche Schreie ausstoßen.

Gezähmte Papageien können die Worte, die sie kennen, mit der jeweiligen Situation verbinden.

Der Leierschwanz macht den Gesang anderer Vögel nach. Er ist ein sehr guter Imitator.

Der Ruf des Kookaburra ähnelt dem Lachen des Menschen. Deshalb heißt er auch der „Lachende Hans“.

Der Beo ist sehr begabt und kann Menschenstimmen noch besser nachahmen als der Papagei.

INTELLIGENTE VÖGEL

Einige Vögel haben gelernt, sich mit verschiedenen Hilfsmitteln Nahrung zu verschaffen oder sich diese Mittel sogar selbst herzustellen.

Der Darwinfink stochert mit einem Dorn in der Borke eines Baums, um die Insekten darin zu fangen.

Mit einem Borkenstück hebt der Kleiber andere Borkenteile hoch und sammelt die Insekten darunter ein.

Mit einem Kieselstein schlägt dieser Geier die Eischale auf, um an das Innere zu gelangen.

Diese Krähe legt Nüsse auf der Straße aus, damit darüber fahrende Autos sie für sie aufknacken.

DIE GRÖSSTEN UND DIE KLEINSTEN EIER

Vögel pflanzen sich fort, indem sie Eier legen.
Diese brüten sie dann mehr oder weniger lange aus.

Das größte Ei legt der Strauß. Es kann bis zu 1,7 kg schwer sein.

Das Ei des Emus wiegt etwa 600 g. Es hat eine dunkelgrüne Farbe.

Die Eier des Kolibris sind die kleinsten. Sie wiegen etwa 0,5 g.

Das größte Ei (12 kg) gehörte dem ausgestorbenen Elefantenvogel.

VERSCHIEDENE SCHLAFWEISEN

Bei schlechtem Wetter schlafen einige Vögel dicht aneinander gedrängt fest ein und warten auf besseres Wetter.

Stockenten schlafen mit einem offenen Auge. So können sie bei der geringsten Gefahr flüchten oder auffliegen.

Der Mauersegler kann monatelang ohne Pause fliegen. Man nimmt an, dass auch er mit einem offenen Auge schläft.

Die Winternachtschwalbe kann 1 bis 4 Tage lang tief und fest schlafen. Dabei sinkt ihre Temperatur von 37 °C auf 6 °C.

Nachts schlafen Kolibris ebenfalls sehr fest. Es scheint sogar, als würden sie nicht mehr atmen.

TARNUNG BEI DEN VÖGELN

Um ihren Feinden zu entgehen, wechseln einige Vögel die Farbe ihres Gefieders. Oder sie passen sich im Verhalten ihrer Umgebung völlig an.

Im Sommer ist das Schneehuhn braun wie der Boden, auf dem es sich bewegt. Im Winter verliert es dieses braune Gefieder und bekommt weiße Federn. So ist es im Schnee nicht mehr zu sehen.

Diese Rohrdommel bleibt mitten im Schilf unbeweglich mit ausgestrecktem Hals stehen. So wird sie nicht entdeckt.

Dieser Eulenschwalm nimmt mit seinem Jungen eine starre Haltung an. Man könnte sie für einen Ast halten.

DIE LANGLEBIGSTEN VÖGEL

Es ist sehr schwierig, das Alter von frei lebenden Vögeln zu überprüfen. Im Allgemeinen werden sie in Gefangenschaft älter.

Spitzenreiter ist der Kolkrabe mit 69 Jahren.

Der Uhu, der in den Wäldern Europas lebt, erreicht 65 Jahre.

Der Andenkondor wird 65, in Gefangenschaft bis zu 100 Jahre alt.

Der herrliche Hyazinth-Ara aus dem Regenwald wird bis zu 64 Jahre alt.

MEISTER DER ORIENTIERUNG

Vögel haben einen sehr guten Orientierungssinn. Mithilfe der Sonne und ihres enormen visuellen Gedächtnisses finden sie immer wieder den Weg.

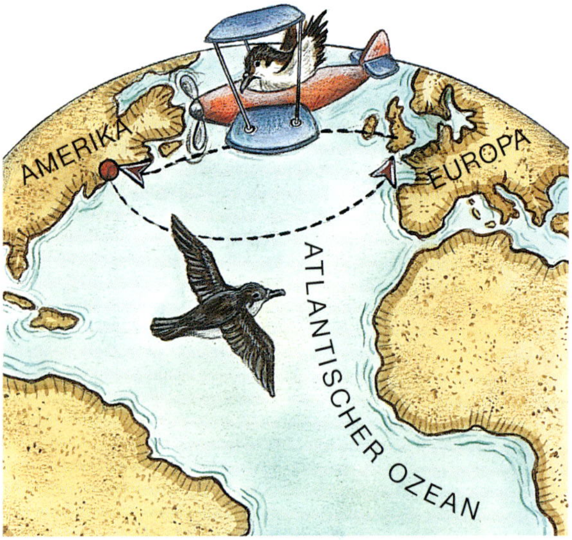

Ein Sturmtaucher wurde im Flugzeug von der englischen zur amerikanischen Küste gebracht und dort freigelassen. 13 Tage später fand der Vogel sein Nest nach einem Flug von über 5100 km wieder!

Ein Albatros flog 6500 km und brauchte 32 Tage, um sein Nest wiederzufinden.

Ein Goldregenpfeifer flog nonstop die 3200 km lange Strecke von Alaska zu den Hawaii-Inseln.

DIE GROSSEN WANDERER

Viele Vogelarten unternehmen lange Wanderungen. Wenn es kalt oder die Nahrung knapp wird, pendeln sie zwischen zwei weit entfernten Regionen.

Die Küstenseeschwalbe fliegt 36 000 km zwischen dem Hohen Norden und dem Südpol hin und zurück!

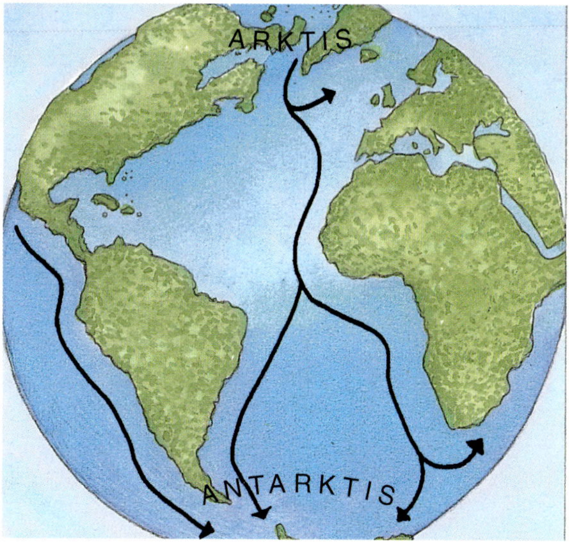

Die Küstenseeschwalbe braucht für den Hinweg 1 bis 2 Monate und 2 Monate für den Rückweg.

Im Herbst ziehen die Störche von Nordeuropa nach Afrika und kehren in der warmen Jahreszeit zurück. Dabei fliegen sie eine Strecke von 12 000 km. Sie bauen ihre Nester auf Schornsteinen und behalten sie über Jahre hinweg.

DIE SCHNELLSTEN FLIEGER

Die meisten Vögel fliegen zwischen 30 und 90 km/h, aber einige erreichen auch bis zu 300 km/h. Wirkliche „Formel 1-Flieger“!

Der Wanderfalke ist der schnellste mit 300 km/h im Sturzflug!

Der Königsadler stürzt sich mit nahezu 200 km/h auf seine Beute.

Die schönen Fregattvögel (links) und die Brieftaube (rechts) können mit einer Geschwindigkeit von bis zu 150 km/h fliegen.

DIE HÖCHSTEN FLUGHÖHEN

Es wurden schon Vögel über dem Hochgebirge in beachtlichen Höhen beobachtet.

Die Streifengänse (links) und der Lämmergeier fliegen im Himalaja-Massiv, der höchsten Gebirgskette der Welt, in einer Höhe von mehr als 7000 m.

Andere Vögel wie die Dohle (links) und der Brachvogel fliegen ebenfalls in großer Höhe im Himalaja, zwischen 6000 und 6500 m.

VÖGEL, DIE IHRE WEIBCHEN EINMAUERN

Das Weibchen hilft dem Männchen bereitwillig, das Nestloch zu schließen. Die Jungen mauern sich nach dem Auszug ihrer Mutter ebenfalls ein!

Dieses Rotschnabeltoko-Pärchen beginnt den Nesteingang mit Pflanzenresten und Schlamm zu schließen.

Dann schlüpft das Weibchen hinein. Das Männchen schließt die Öffnung. Nur der Schnabel passt noch durch.

Das Weibchen legt Eier und brütet sie aus. Es wird vom Männchen gefüttert. Nach dem Schlüpfen der Jungen verlässt das Weibchen das Nest und befestigt den Eingang erneut. Die Jungen werden von ihren Eltern durch das kleine Loch gefüttert. Später brechen sie die Wand mit ihren Schnäbeln auf, um herauszufliegen.

FRAU KUCKUCK SCHÄMT SICH NICHT

Das Kuckuck-Weibchen ist keine gute Mutter, denn es brütet seine Eier gar nicht aus. Es legt sie vielmehr in das Nest anderer Vögel.

Das Kuckuck-Weibchen legt große Eier. Die Küken schlüpfen früher als die der anderen Vögel. Das Weibchen legt jeweils nur ein Ei in verschiedene Nester. Wenn nötig, wirft es ein oder zwei fremde Eier heraus, um Platz zu schaffen.

Nachdem der kleine Kuckuck geschlüpft ist, wirft er die anderen Eier aus dem Nest.

Dann bettelt er lautstark bei seinen Adoptiveltern um Nahrung.

DIE KLEINSTEN UND DIE GRÖSSTEN NESTER

Im Allgemeinen bauen große Vögel große Nester, aber es gibt auch einige eher kleinere Vögel, die große Nester bauen!

Das Freycinet-Großfußhuhn baut das größte Bodennest. Es kann eine Höhe von 5 m und 11 m Durchmesser haben.

Das größte Nest in einem Baum oder in einer Felsennische ist mit 4 bis 5 m Durchmesser das des Kaiseradlers.

Das Nest des nur 50 cm großen Hammerkopfs ist im Vergleich zu seiner Größe enorm: Es misst 2 m!

Das kleinste Nest mit 3 cm Höhe baut der kleinste Vogel, der Kolibri. Er braucht dafür 2 bis 3 Wochen.

FLUGUNFÄHIGE VÖGEL

Einige Vögel können nicht fliegen, entweder weil sie zu schwer sind oder weil sie keine Flügel haben.

Der Strauß ist der größte dieser Vögel. Er läuft bis zu 60 km/h.

Der Pinguin lebt auf dem Packeis. Seine Flügel benutzt er als Flossen.

Der Kiwi hat weder Schwanz noch Flügel. Er läuft auf kurzen Beinen.

Auch der Nandu ist ein Laufvogel. Er lebt oft in Gruppen.

DER PINGUIN, EIN DROLLIGER VOGEL

Auf den ersten Blick hat er nichts von einem Vogel. Aber er hat ein wasserundurchlässiges Federkleid, das ihn warm hält.

Er ist ein ausgezeichneter Schwimmer und ein bemerkenswerter Taucher. Auf dem Eis bewegt er sich aufrecht mit kleinen Schritten. Oft rutscht er aus und wenn er einen Hang findet, rutscht er auf dem Bauch hinunter. Das geht viel schneller!

Das Weibchen legt nur ein Ei, das Männchen brütet es aus.

Das Junge entwickelt sich in der Wärme auf den Füßen des Vaters.

Später wird der kleine Pinguin von beiden Eltern gefüttert.